FRAGMENS

REPRÉSENTÉS

PAR L'ACADEMIE ROYALE

DE MUSIQUE,

Pendant les JOURS GRAS de l'année 1742.

DE L'IMPRIMERIE

De JEAN-BAPTISTE-CHRISTOPHE BALLARD,
seul imprimeur du Roi, & de l'académie royale de musique.

A PARIS, Au Mont-Parnasse, rue S. Jean-de-Beauvais.

M. DCC XLII.

AVEC PRIVILEGE DU ROY.

LE PRIX EST DE XXX. SOLS.

DIVERTISSEMENS

contenus dans ces FRAGMENS.

I.

LE TEMPLE DE GNIDE, divertissement en un acte, ajouté à l'opera d'ALCIONE, le 31 octobre 1741.

I I.

LA FESTE DE DIANE, acte ajouté aux FESTES GRECQUES ET ROMAINES, le 9 Fevrier 1734.

III.

LES AMOURS DE RAGONDE, Comedie en Musique, en trois actes.

ACTEURS, ET ACTRICES
chantans dans les chœurs.

CÔTE' DU ROY.		CÔTE' DE LA REINE	
Mesdemoiselles	*Messieurs*	*Mesdemoiselles*	*Messieurs*
Dun,	St. Martin,	Antier-C.,	De Serre,
Delorge,	Marcelet,	Theretette,	Gratin,
	Le Page,		Le Mesle,
Varquin,	La Mare,	Lavalée,	Roullier,
La Fontaine,	Fel,		Deshais,
Bodot,	Houbault,	Cartou,	Levasseur,
Dalemand-C.,	Bourque,	Deshaigles,	Rimbault,
	Bornet,		Beaumont,
Larcher,	Gallard,	Coupée,	Buseau,
Pontarly.	Duchenet.	Anthéaume.	Dupleffis.

On vient d'imprimer de cette forme :
FRAGMENS D'OPERA : ou choix de RECITS,
DUO ET TRIO, extraits de ROLAND,
d'ARMIDE, & d'ISSE' ; pour exercer les voix de
Deſſus, de Bas-Deſſus, d'Haute-Contre, de Taille,
& de Baſſe-Taille ; avec & ſans accompagnemens.

L'Opera d'ISSE' étant actuellement ſur le Théâtre, on l'a fait précéder les deux autres.
Prix en blanc, - - - - 36 ſols.

Les Partitions de ces OPERA, ſont In-folio,
& de 20 livres piece.

LE TEMPLE

DE

GNIDE,

PASTORALE,

REPRÉSENTÉE POUR LA PREMIERE FOIS,

PAR L'ACADEMIE ROYALE

DE MUSIQUE,

Le mardy 31 octobre 1741.

LE TEMPLE DE GNIDE,
PASTORALE.

ACTEURS CHANTANTS;

HILAS, Mr. Albert.

THEMIRE, Mlle. Fel.

Bergers & Bergeres.

VENUS, Mlle. Chevalier.

Suite de Venus ; Les trois Graces.

Peuples.

ACTEURS DANSANTS.

BERGERES;

Mesdemoiselles St Huray, Courcelle, Maupin, Dary.

GRACES;

Mesdemoiselles Le Breton, Fremicourt, Le Duc.

PEUPLES;

Messieurs Dangeville, Hamoche, Couque, Levoir;
Mademoiselle Cochois.

LE TEMPLE DE GNIDE.

Le théâtre repréfente un temple confacré
à VENUS.

SCENE PREMIERE.
THEMIRE.

N On, je n'afpire point au prix de la beauté,
C'eft pour un bien plus doux, Venus, que je
t'implore;
Je borne ma félicité
A plaire au berger que j'adore.

Je crains que mes foibles attraits
Sur fon cœur ne perdent leur puiffance;
Exauce les vœux que je fais,
Affure-moi de fa conftance.

Je le vois ce berger; fans paroitre à fes yeux,
Inftruifons-nous des vœux qu'il vient offrir aux
Dieux.

* ij

LE TEMPLE

SCENE II.

HILAS. THEMIRE, à l'écart.

HILAS.

D'Eesse des Amours, qu'en ce temple on révére,
    Accepte l'homage sincere
    Du mortel le plus amoureux.
Themire, tu le sais, est l'objet qui m'engage ;
Quand je fais mon bonheur de vivre dans ses nœuds,
Epargne à mon amour le tourment rigoureux
    De voir jamais son cœur volage.

THEMIRE, approchant d'HILAS.

Hilas peut-il douter de ma fidelité ?

HILAS.

Quoi ! Par Themire ici, je viens d'être écouté ?

THEMIRE.

Pour m'assurer ton cœur, de la tendre Immortelle
    J'implorois le puissant secours.

HILAS.

Je jure de bruler d'une flammé éternelle.

THEMIRE.

Je jure de t'aimer toujours.

ENSEMBLE.

Divine reine des Amours ,
Tu vois l'excès de notre zele :
Déesse , termine mes jours
Si je trahis jamais notre ardeur mutuelle.

HILAS.

J'aperçois déja dans ces lieux
Des plus rares beautez une troupe brillante.
Malgré leurs soins ambitieux ,
Themire jouira du destin glorieux
De voir sa beauté triomphante.

THEMIRE.

Non , le prix n'a rien qui me tente ;
Il me suffit d'être belle à tes yeux.

HILAS.

De ces jeux solemnels , que la pompe éclatante
Arrête au moins ici tes regards curieux.

On danse.

SCENE III.

THEMIRE, HILAS, Bergers & Bergeres.

CHOEUR.

REgne fur nous, divine Souveraine,
Au gré de tes défirs difpofe de nos cœurs,
Le foin de meriter tes charmantes faveurs,
Du bout de l'univers près de toi nous améne.

VENUS defcend.

SCENE IV.

VENUS, Les trois Graces ; & les Acteurs
de la Scene précédente.

VENUS.

BEautez qui venez fur ces bords
Prétendre au prix que je difpenfe,
Vos foupirs, vos vœux, vos tranfports
Ne feront pas fans récompenfe.

Faites regner ici vos charmes les plus doux,
Plaifirs qui volez fur mes traces ;
Jeunes beautez, uniffez-vous aux Graces,
Cet honneur n'eft permis qu'à vous.

On danfe.

VENUS.

C'en est fait, je vois la mortelle,
Qui fixe le choix de Venus.
Themire, en ta faveur je ne balance plus ;
Graces, couronnez cette belle.

THEMIRE.

Favorable Divinité,
Je ne mérite point cet heureux avantage.

VENUS.

Moins tu crois mériter le prix de la beauté,
Plus il doit être ton partage.

Quand je couronne tes appas,
Je voudrois rendre encor ton ame plus contente ;
Mais Venus même ne peut pas
Rendre Hilas plus épris ; Themire plus charmante.

THEMIRE.

Reine de l'amoureux empire,
Tes faveurs en ce jour surpassent mes souhaits ;
Pourrois-je chanter leurs attraits
Lorsqu'à les ressentir mon cœur ne peut suffire ?

VENUS.

Venez ; à ses attraits vainqueurs,
Peuples que je cheris, rendez un juste hommage.
Que Themire en ce jour reçoive les honneurs
Que vous m'offrez sur ce rivage.

VENUS sort avec les Graces.

On danse.

SCENE Vme, & derniere.

THEMIRE, HILAS.

HILAS.

Sur les charmes les plus puissans
Themire emporte la victoire ;
Quelle reçoive notre encens,
Et que tout parle de sa gloire.

LE CHOEUR repete ces quatre vers.

FIN.

APROBATION.

J'Ai lû par ordre de monseigneur le Chancelier, *Le Temple de Gnide*, pastorale. A Paris, ce 15 octobre 1741.

DE MONTCRIF.

Le privilege est à la fin d'ALCIONE.

De l'Imprimerie du Mont-Parnasse.

LA FESTE
DE DIANE,

NOUVELLE ENTRÉE,

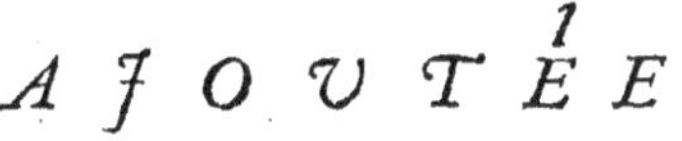

AJOUTÉE

AUX FESTES GRECQUES

ET ROMAINES,

En Fevrier 1734.

A

S V J E T.

ERIANDRE, Roy de Corinthe, que la Gréce a compté parmy ſes Sages, eût le malheur d'inſpirer à ſa Mere une paſſion inceſtueuſe ; cette Reine coupable, remplit ſes vœux, en ſe ſuppoſant elle-même à ſon Fils pour une prétenduë Maîtreſſe qu'elle luy avoit fait eſperer ; les tenebres de la Nuit conſerverent l'innocence de PERIANDRE, en favoriſant le crime de ſa Mere. Dès que ce Prince abuſé le découvrit, il le déteſta, & cette funeſte Avanture fit naître ſa haine contre l'Amour. Les charmes & les vertus de MELISSE, Fille du Roy d'EPIDAURE, triompherent enfin d'une averſion ſi bien fondée, & ſoûmirent PERIANDRE aux loix de l'Amour & de l'Hymen.

A ij

ACTEURS CHANTANS.

PERIANDRE, *Roy de Corinthe*, Mr. Jeliot.

IDAS, *Confident de* PERIANDRE, Mr. Perſon.

MELISSE, *Princeſſe d'*EPIDAURE, Mlle. Fel.

CHASSEURS, *Princes Grecs & leur Suite, invités à la Fête de* DIANE.

ACTEURS DANSANS.

PEUPLES DE LA GRECE;

Mademoiſelle Camargo ;

Monſieur Theſſier , Mademoiſelle Fremicourt.
Meſſieurs Javilliers-C. Monſervin ,

Dumay , Dupré ;

Meſdemoiſelles Carville , Rabon ,

Erny , Petel.

La Scene eſt dans un Bois voiſin de la Ville de Corinthe.

Les noms de ces acteurs , ſont conforme à la remiſe du premier fevrier 1742.

LA FESTE
DE DIANE,
ENTRÉE, AJOUTÉE
AUX FESTES GRECQUES
ET ROMAINES.

Le Theâtre repréfente un Bois, coupé de Ruiſ-
feaux, & voiſin de la Ville de Corinthe.

SCENE PREMIERE.
PERIANDRE.

Uiſſeaux, qui diſputez aux volages Zéphirs
Le ſoin de conſerver les fleurs & la verdure,
Coulez; que vôtre doux murmure
Réponde à mes ſoûpirs.

Sur ces bords , l'Objet qui m'engage ,
De vôtre Onde en rêvant , suit quelquefois le cours ;
Vos Eaux de ses attraits , ne gardent pas l'image ,
Mais , dans mon tendre cœur , elle reste toûjours ;
C'est-là qu'elle reçoit un éternel hommage ,

Ruisseaux , qui disputez aux volages Zéphirs
Le soin de conserver les fleurs & la verdure ,
Coulez ; que vôtre doux murmure
Réponde à mes soûpirs.

SCENE II.

PERIANDRE, IDAS.

IDAS.

DE Diane déja l'on célébre la Fête ,
Les Rois & les Heros invitez à nos Jeux ,
Vous demandent Seigneur ; Vous vous éloignez d'eux ;
D'où vient que seul icy , Periandre s'arrête ?

Dans ce solitaire séjour
On pourroit croire qu'il soûpire ,
Si l'on ne sçavoit pas qu'il déteste l'Amour.

PERIANDRE.

Ne me parlez jamais de son fatal Empire ;
Le Barbare a causé mes plus affreux malheurs ;
Et vous ne pouvez m'en rien dire ,
Sans renouveller mes douleurs.

I D A S.

Sur l'Amour il faut se taire,
Lorsqu'on ne veut pas aimer :

Quelquefois il sçait charmer
Le cœur même, où la colere
Contre luy paroît s'armer :

Lorsqu'on ne veut pas aimer,
Sur l'Amour il faut se taire.

PERIANDRE.

Claires Ondes, vôtre repos,
De l'indifference est l'image :
Il ne faut qu'un moment, pour agiter les Flots ;
Pour agiter les Cœurs, en faut-il davantage ?

I D A S.

Melisse ainsi que vous, n'habite que les Bois,
Et de Diane seule y respecte les Loix ;
Du Dieu de la tendresse
Elle fuit la charmante Cour.....

PERIANDRE.

Helas ! cette fiere Princesse
N'a pas lieu comme moy, d'apréhender l'Amour.

I D A S.

Mais, Seigneur, on diroit que sa froideur vous blesse ?

PERIANDRE.

Cette jeune Beauté, des plus parfaits Amants
Rejette les soupirs & méprise les larmes:
Les Dieux donnent-ils tant de charmes,
Pour ne causer que des tourments?

C'est elle que je vois, quel moment favorable!....
Je sçauray mon destin, quel moment redoutable?

SCENE III.

PERIANDRE, MELISSE.

PERIANDRE.

PRincesse, les plaisirs que rassemblent ces Bois
Rempliront tous les vœux de vôtre cœur paisible...

MELISSE.

Le vôtre est-il moins insensible?
Contre l'Amour, contre ses loix
Vous faites éclater une haine invincible....
Aux plus brillants Objets vôtre sincerité,
Cent & cent fois, a repeté
Que l'Amour n'est qu'un esclavage...
Ah! disiez-vous, la seule liberté
Donne des beaux jours sans nuage;
C'est-elle qui des cœurs fait la felicité.

PERIANDRE.

NOUVELLE ENTRE'E.

PERIANDRE.

Pourquoy vous souvenir d'un discours témeraire,
Qui ne s'adressoit pas
A vos divins appas ?
Quand je fuyois l'Amour, j'éprouvois sa colere :
Mais, Vous à qui ce Dieu prodigue ses attraits,
Luy refuserez-vous le prix de ses Bienfaits ?
On luy doit un Tribut, si-tôt que l'on sçait plaire.

 Ah ! qui doit plus aimer que vous,
S'il faut aimer autant qu'on est aimable ?

  La tendresse la plus durable
Ne peut vous acquitter d'un hommage si doux.

 Ah ! qui doit plus aimer que vous,
S'il faut aimer autant qu'on est aimable ?

MELISSE.

 A ce discours, je ne reconnois plus
  L'Ennemy du Fils de Venus !
Envain l'Amour prétendroit me suprendre ;
  Qu'il n'espere jamais
  Me forcer à me rendre :
 Plus je luy vois lancer de traits,
 Plus il m'apprend à m'en défendre.

  De posseder mon cœur
  Je fais mon bien suprême ;
Pourquoy reconnoître un Vainqueur,
Lorsqu'on peut regner sur soy-même ?

PERIANDRE.

La liberté n'est qu'une vaine erreur.

Quand du Fils de Venus on combat la puissance,
    C'est que ce Vainqueur le veut bien.
    Le regne de l'indifference
Finit, dès que l'Amour veut commencer le sien.

MELISSE.

Quoy! Vous qui de l'Amour osiez ternir la gloire,
    Vous vous declarez son appuy!
De l'avoir outragé, vous perdez la memoire?
Croiray-je vos discours, quand vous parlez pour luy?

PERIANDRE.

Non, je n'ay jamais tant souhaité qu'aujourd'huy
Trouver dans vôtre cœur du penchant à me croire...

    Vous entendez mes vœux secrets....
        Mes soupirs indiscrets
        Ont rompu le silence....
    Eh quoy! vous fuyez ma présence?....
Ah! Princesse, un moment daignez vous arrêter.

Cruelle! quel amour voulez-vous éviter?
    Un amour timide & sincere...
     Un amour qui n'ose écoûter
     Le desir le moins témeraire....
Qui tout parfait qu'il est, ne croit pas meriter
    Le bonheur de vous plaire....
Cruelle! quel amour voulez-vous éviter?

MELISSE.

Vous juriez de n'offrir jamais de sacrifices
Au Dieu qu'implorent les Amants...
Que vous trahissez de serments !

PERIANDRE.

Et que dans vos beaux yeux j'ay d'aimables complices.

En croirez-vous, helas ! une injuste fierté ?
Jamais pour la Beauté,
L'Amour n'est une offense ;
Voudrez-vous punir la Constance,
Le Respect, la Fidelité....

MELISSE.

J'imitois vôtre indifference....

PERIANDRE.

Que me rappellez-vous ! ah ! je le vois trop bien,
Vous allez condamner le feu qui me dévore....

MELISSE.

Vôtre cœur est encore
Le modelle du mien.

PERIANDRE.

Qu'entens-je ? quel bonheur extrême !
Le transport que je sens ne peut être exprimé...
Quoy ! vous m'aimez ?

MELISSE.
Helas !

PERIANDRE.
Achevez...
MELISSE.
Je vous aime,
Et je vous ay toûjours aimé.

A la Chasse qui vous est chere,
Je pensois donner tous mes soins ;
Mais dans ces Bois je cherchois moins
A me signaler, qu'à vous plaire ;
De la Sœur d'Apollon, croyant suivre la Cour,
Mon cœur de sa défaite, ignoroit le mistere ;
Sous le nom de Diane, il adoroit l'Amour.

PERIANDRE.

Donnez à Corinthe une Reine,
De son Roy dans ce jour daignez faire un Epoux ;
L'Hymen ne risque rien, en serrant nôtre chaîne,
L'Amour ne peut jamais se separer de nous.

ENSEMBLE.

Qu'il appelle toûjours les Graces
Pour lancer ses traits dans nos cœurs ;
Et que les Plaisirs sur ses traces,
Répandent toûjours leurs douceurs.

On entend un Prélude de Cor qui annonce la Fête.

MELISSE.

On vient, cachons nôtre tendresse....

PERIANDRE.

Oubliez-vous que la Déesse,
De l'Amour a senti les feux ?
Nous pouvons chanter sa puissance,
Et mêler son Nom dans nos jeux,
Sans que Diane s'en offense.

SCENE IV.

PERIANDRE, MELISSE, IDAS,
Princes Grecs & leur Suite, invitez à la Fête
de **DIANE.**

CHŒUR.

CHantez Oyseaux , chantez , volez jeunes Ze-
phirs,
Célébrez avec nous Diane & ses plaisirs :
  Que le Cor nous seconde ,
  Que l'Echo nous réponde.

Chantez Oyseaux , chantez , volez jeunes Ze-
phirs,
Célébrez avec nous Diane & ses plaisirs.

On danse.

PERIANDRE.

Regne Amour dans nos Boccages ,
Fais voler tes traits sous ces Ombrages ,
    Tes Conquêtes
    Sont des Fêtes
    Pour les cœurs
    Epris de tes faveurs.

Dans les Bois au travers des Plaines
L'on cherche à fuir le poids de tes chaînes,
    Fuite vaine
    Qui nous mene
    Dans ta Cour
    Après un long détour.

Regne Amour dans nos Boccages,
Fais voler tes traits sous ces Ombrages,
    Tes Conquêtes
    Sont des Fêtes
    Pour les cœurs
    Epris de tes faveurs.

    Ces aziles
    Toûjours tranquiles
Sont faits pour cacher tes biens secrets,
    Recompense,
    La Constance
Des Amants tendres & discrets ;
Ne permets la resistance
Que pour augmenter tes attraits.

Regne Amour dans nos Boccages,
Fais voler tes traits sous ces Ombrages,
    Tes Conquêtes
    Sont des Fêtes
    Pour les cœurs
    Epris de tes faveurs.

UNE GRECQUE.

Amour, volez dans nos Forêts,
Vous trouverez plus d'un cœur tendre,
Qui, loin d'éviter vos filets,
Viendra de luy-même s'y prendre.
Tout ressent icy vos attraits ;
Ne craignez pas sous ces Ombrages
De perdre un seul de vos traits ;
On n'y voit point de volages.

CHOEUR.

Chantez, Oyseaux, &c. cy-devant.

FIN.

J'AY lû par Ordre de Monseigneur le Garde des Sceaux, *La Feste de Diane.* A Paris, ce cinquiéme Fevrier mil sept cent trente-quatre. GALLYOT.

DE L'IMPRIMERIE DU MONT-PARNASSE.

M. DCCXXXIV.

LES AMOURS
DE
RAGONDE,
COMEDIE EN MUSIQUE,
en trois actes,

REPRÉSENTÉE POUR LA PREMIERE FOIS,
par l'académie royale de musique,

Le mardi, trente janvier 1742.

DE L'IMPRIMERIE
De JEAN-BAPTISTE-CHRISTOPHE BALLARD,
feul imprimeur du Roy, et de l'academie royale de mufique.

M. D C C X L I I.
AVEC PRIVILEGE DU ROY.

ACTEURS CHANTANS.

RAGONDE, *mere de Colette,* *amante de* COLIN, Mr. Cuvillier.

COLETTE, *fille de* RAGONDE, *aimée de* COLIN, *amante de* LUCAS, Mlle. Coupée.

LUCAS, *amant de* COLETTE, Mr. Albert.

COLIN, *aimé de* RAGONDE, *amant de* COLETTE, Mr. Jelyotte.

THIBAULT, *magister,* Mr. Bérard.

MATHURINE, Mlle. Bourbonnois-L.

BLAISE, *garçon du village,* Mr...

Garçons & filles du village, chantans & dansans.

ACTEURS DANSANS.
PREMIER ACTE.
GARÇONS ET FILLES *du village.*

Mademoiselle Dallemand-L ;

Messieurs Malter-C. , Matignon , Hamoche , Malter-L, Couque , Levoir.

Mesdemoiselles Le Duc , Erny , Courcelle , Dazencourt , St Huray , Minot.

SECOND ACTE.

GARÇONS DU VILLAGE,
déguisés en Lutins.

Messieurs Malter-C., Matignon, Malter-L.,
Hamoche, Couque, Levoir.

TROISIE'ME ACTE.

PAYSANS ET PAYSANNES.

Mademoiselle Camargo ;

Monsieur Lany, Mademoiselle Fremicourt ;

Messieurs Malter-C., Matignon, Malter-L.,
Hamoche, Couque, Levoir.

Mesdemoiselles Le Duc, Erny, Courcelle,
Dazencourt, St Huray, Minot.

LES AMOURS
DE
RAGONDE,
COMEDIE EN MUSIQUE.
Le théâtre repréſente un hameau.

ACTE PREMIER,
LA SOIRÉE DE VILLAGE.

SCENE PREMIERE.

RAGONDE, COLETTE, MATHURINE,
CHŒUR de FILLES du village, leur ouvrage
à la main, LUCAS, THIBAULT, COLIN.

RAGONDE.

Llons, allons, mes enfans, à l'ouvrage;
 Tandis que je travaillerons
 J'avons ici les garçons du village,
Qui vont nous amuſer par d'aimables chanſons.

A

LUCAS, THIBAULT, COLIN.

Vrayment ! J'en avons de nouvelles
Que vous trouverez des plus belles.

RAGONDE.

Vous chanterez tous trois à votre tour.
Mais vos chansons parlent-elles d'amour ?
Je veux par tout de la tendresse,
Sans cela, nargue des plaisirs :
Il faut des échos, des zephirs ;
Rapellez-moi le tems de ma verte jeunesse.

Allons, allons, mes enfans, à l'ouvrage ;

LE CHOEUR DES FILLES.

Allons, Allons, mettons-nous à l'ouvrage ;

RAGONDE.*

Tandis que je travaillerons
J'avons ici les garçons du village,
Qui vont nous amuser par d'aimables chansons.

* Pendant que RAGONDE chante ces vers, le chœur des Filles du village s'assied pour pouvoir travailler.

LE CHOEUR DES FILLES.

Tandis que je travaillerons
J'avons ici les garçons du village,
Qui vont nous amuser par d'aimables chansons.

RAGONDE.

Qu'il est charmant, mon aimable Colin !
Je lui veux attacher ce ruban de ma main.

COLIN.

Laissez, songez à votre ouvrage.

RAGONDE.

Mon cher enfant, pour gage de mes feux,
Reçoi cette faveur au nom de mariage.

COLIN.

Reprendre un époux à vôtre âge !

RAGONDE.

Oui, mon poupon, c'est toi seul que je veux.

THIBAULT, LUCAS, MATHURINE.

Ragonde avec Colin, le charmant assemblage !

RAGONDE, à COLIN.

Que je nous aimerons ! Que je serons heureux !

THIBAULT, LUCAS, MATHURINE.

Ragonde avec Colin, le charmant assemblage !

RAGONDE.

Tu parois interdit ! Mais voi comme je brille.
A qui donc en veux-tu ?

COLIN.

J'en veux à votre fille.

LES AMOURS

RAGONDE, avec fureur.

A ma fille ! Merci de moi !
Je t'étranglerois avec elle,
Plutôt que de la voir mariée avec toi.

En se radouciffant.

Veux-tu me voir fouffrir ?

COLIN.

C'eft une bagatelle.

RAGONDE.

Veux-tu voir expirer ton amante fidéle ?

COLIN.

Pourquoi !... Vivez... J'y confens de bon cœur...
Pourvû que j'époufe Colette.

RAGONDE.

C'eft donc ainfi que l'on me traite ;

à COLIN.

Traitre, tu fentiras l'effet de ma fureur.

MATHURINE.

Ne vous emportez pas, fi vous voulés m'en croire.

Colin fe rendra quelque jour :
Ne parlons plus de votre amour,
Et que chacun conte une hiftoire.

LUCAS.

J'en fais une, vrayment, qui vous divertira.

RAGONDE.

Je vais en dire une charmante.

COLIN, à RAGONDE.

Ecoutez celle-ci, vous en serez contente.

RAGONDE.

Il faut que je commence, & Colin me suivra.

LUCAS.

Non, morgué.

COLIN.

C'est à moi.

RAGONDE.

Paix; la mienne est plaisante.

TOUS TROIS ENSEMBLE.

RAG. { *Un jeune berger de vingt ans*
{ *Aimoit une jeune bergere;*

COL. { *Une vieille avoit quatre dents*
{ *Dont elle ne se servoit guere;*

LUC. { *Climene en son jeune printems,*
{ *Dansoit un jour sur la fougere;*

RAGONDE.   [honte !

Quoi ! Parler tous ensemble ! Eh ! Bon dieu ! Qelle
Chacun à notre tour, nous dirons notre conte.

> *Un jeune berger de vingt ans*
> *Aimoit une jeune bergere;*
> *Mais il plaisoit fort à sa mere,*
> *Qui vouloit l'épouser en dépit de ses dents.*
> *La bonne femme étoit sorciere:*
> *Pour punir le berger insensible à ses feux,*
> *Elle en fit un matou, qui devint furieux,*
> *Et se précipita du haut d'une gouttiere.*

COLIN.

Une vieille avoit quatre dents,
Dont elle ne se servoit guere ;
Elle vouloit être encor mere,
En épousant par force un berger de vingt ans.
Il méprisa cette mégére,
Elle voulut punir le berger dédaigneux,
Mais lui, pour empêcher ses desseins dangereux,
L'envoya soupirer au fond de la riviere.

RAGONDE, à COLIN.

Il suffit, je t'entens, & tu me conoîtras.

LUCAS, bas à RAGONDE.

J'avons concerté la maniere
Dont il faut vous venger, ne vous affligez pas.

MATHURINE.

M'en croirez-vous, laissons cette matiere.

Accourez, jeunes garçons,
Mêlez vos pas à nos chansons,
Venez folatrer & rire.
Que le plaisir vous guide & vous attire,
Ne suivez point d'autres leçons ;
Ces biens purs dont nous jouissons,
A nos desirs doivent suffire.

✴✴✴✴✴✴✴ ✴✴✴✴✴✴ ✴ ✴✴✴✴✴✴✴ ✴✴✴✴✴ ✴✴✴✴✴✴✴✴✴ ✴✴✴✴✴

SCENE II.

Les acteurs de la scene précédente, FILLES
& GARÇONS du village qui arrivent en dansant.

COLIN.

On danse.

L'Amour chérit nos paisibles bocages,
Ce sont nos cœurs qu'il se plait d'enflammer.
Je ne songeons qu'à bien aimer,
Je rougirions d'être volages.

Quand on trahiroit nos soupirs,
Je n'en serions pas moins fidéles ;
J'ons encor pour les plus cruelles
Mêmes transports, mêmes desirs.

L'amour chérit nos paisibles bocages,
Ce sont nos cœurs qu'il se plaît d'enflammer.
Je ne songeons qu'à bien aimer,
Je rougirions d'être volages.

On danse.

MATHURINE.

Fui, Gloire inhumaine,
Fui loin de ce beau séjour ;
Que la Paix dans ce jour,
Améne
Le tendre Amour.

Que d'ardeurs nouvelles
Se vont allumer !
Les cœurs les plus rebelles
Se vont enflammer.

Content de la gloire
De nous défarmer ,
Le prix de fa victoire
Eft de nous charmer.

On danfe.

MATHURINE,
alternativement avec le Chœur.

Chantons , Chantons l'Amour : Chantons fes traits
vainqueurs

Qui lui foumettent tous les cœurs.

FIN DU PREMIER ACTE.

ACTE II.

ACTE SECOND.

LES LUTINS.

La scene se passe à l'entrée de la nuit.

✠✠

SCENE PREMIERE.

LUCAS, THIBAULT.

LUCAS.

*Ui*, *le petit traitre d'Amour*
Met tout en feu dans le village ;
Il nous attaque nuit & jour,
Et veut que l'on aime à tout âge :

Ragonde, qui devroit se montrer la plus sage,
De Colin, qui la fuit, exige du retour.

THIBAULT.

Bien mieux d'accord avec Colette,
Vous avez sû lui plaire, elle a sû vous charmer,
Et Colin, vainement, prétend s'en faire aimer :
Que ne l'épousez-vous ? Ragonde le souhaite.

B

LUCAS.

Ragonde ne veut pas que je foyons heureux,
Si Colin ne confent à contenter fes vœux.

THIBAULT.

Voyez quelle fineffe !

Pour y forcer Colin, il faut ufer d'adreffe.

LUCAS.

Vrayment, Colette a feint de répondre à fes feux,
Lui jurant de venir le chercher en ces lieux.

THIBAULT.

La nuit ! Il y viendra.

LUCAS.

Mais dans la confidence
J'ons mis quelques garçons déguifés avec moi ;
Et la vieille amoureufe a conçû l'efperance
De s'affurer de lui par la crainte & l'effroi.
Vous nous feconderez.

THIBAULT.

Vous verrez des merveilles.

Quand il s'agit de faire un tour malin,
Je ne plains point ni mes foins ni mes veilles.

Quelque bruit, ce me femble, a frappé mes oreilles ;
Retirons-nous, c'eft l'amoureux Colin.

SCENE II.

COLIN.

J'Amais la nuit ne fut si noire,
Mais son obscurité favorise mes vœux,
Colette va venir. Que je serai joyeux !
Mon bonheur est si grand, que j'ai peine à le croire.

Hâte-toi de me rendre heureux,
Accours, mon aimable Colette ;
La nuit nous cache aux jaloux curieux,
Que de momens perdus ! Ah ! Que je les regrette !

SCENE III.
COLIN.

THIBAULT, LUCAS, BLAISE,
GARÇONS du village déguisés en LUTINS.

COLIN.

J'Entens du bruit : il redouble. Quels cris !

THIBAULT, LUCAS, BLAISE, déguisés en LUTINS,
Colin, Colin, Colin.

COLIN.
Je tremble, je frissonne ;
On court autour de moi... Je n'entens plus personne.

THIBAULT, LUCAS, BLAISE, déguisés en LUTINS,
Colin, Colin, Colin.

COLIN.
Ah ! Ce font des esprits.
Fuyons... Je ne le puis. La force m'abandonne.
Helas ! Je craignois que le jour
Ne vint trop tôt chasser la nuit obscure ;
Que je voudrois pouvoir avancer son retour !
Mais il faut que je me rassure,
Peut-être on m'a joué ce tour,
Ou ma seule frayeur cause cette aventure.
Allons, ferme, Colin, faisons bonne figure.

On danse autour de COLIN.

CON
COLIN.

Je suis mort. Au secours. Ne puis-je m'en aller ?

THIBAULT, LUCAS, BLAISE.

Si tu sors de ta place
Nous allons t'étrangler.

COLIN.

Je crois que le sabbat vient ici s'assembler :
Eh ! Messieurs les esprits, je vous demande grace.

THIBAULT, LUCAS, BLAISE.

Si tu sors de ta place
Nous allons t'étrangler.

CHOEUR DE GARCONS du village, déguisés en LUTINS.

Nous courons par tout le monde
Pour tourmenter les humains,
Et l'on n'échappe de nos mains
Que par les ordres de Ragonde.

BLAISE.

Elle a sur nous un pouvoir absolu.

LUCAS.

Jusqu'aux enfers, sa voix se fait entendre.

THIBAULT.

Les démons, les sorciers, près d'elle vont se rendre ;
Et font toutes les nuits ce qu'elle a résolu.

CHOEUR, Nous courons, &c.

COLIN.   On danse.

Au secours, on m'emporte,
Ragonde, helas ! Me laissez-vous périr ?

SCENE IV.

RAGONDE, COLIN, LUTINS.

RAGONDE.

HE bien, traitre, veux-tu mourir,
Ou partager l'ardeur qui me transporte?
Ces Lutins pour jamais vont se saisir de toi,
Si tu ne me promets de me donner ta foi.

COLIN.

Ah! Dissipez mes cruelles allarmes,
Adorable Ragonde, & je suis tout à vous:
Oui, c'en est fait, je me livre à vos charmes,
Et fais de vous aimer mon plaisir le plus doux.

RAGONDE.

Mais il faut m'épouser; c'est un point necessaire.

COLIN.

Me voilà soumis a vos loix.

Je vous épouserois cent fois,
Plutôt que d'attirer sur moi votre colere.

RAGONDE.

Puisque Colin ne songe qu'à me plaire;
Demons, rentrez dans les enfers,
Partez Lutins, volez au bout de l'univers.

FIN DU SECOND ACTE.

ACTE TROISIÉME.

LA NÔCE ET LE CHARIVARI.

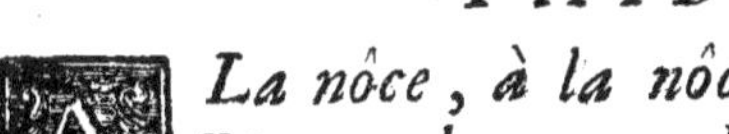

SCENE PREMIERE.

THIBAULT, LUCAS, COLETTE,
RAGONDE, COLIN, PAYSANS, & PAYSANNES.

THIBAULT.

La nôce, à la nôce, allons, accourons-tous,
Rions, chantons, danfons, faifons les fous.

CHOEUR.

A la nôce, &c.

THIBAULT.

Pour célébrer un double mariage,
Nous affemblons tout le village.

Que Lucas eft heureux ! Quels feront fes plaifirs !

Mais Colin va jouir d'un plus doux avantage,
Ragonde, objet de fes foupirs,
Et les infpire, & les partage.

CHOEUR.

A la nôce, à la nôce ; allons, accourons-tous ;
Rions, chantons, danſons, faiſons les fous.

On danſe.

LUCAS.

J'ai ſoupiré longtems pour l'aimable Colette,
Colette ſoupiroit pour moi,
J'étions amans, je vivois ſous ſa loi,
Et je goûtions tous deux une douceur parfaite.
Je ſuis ſon époux maintenant,
Elle doit m'obéir, c'eſt la loi du village ;
Mais pour faire un bon mariage,
Colette et moi j'agiſſons prudemment,
Je voulons oublier que je ſomm'en ménage ;
Colette eſt ma maîtreſſe, & je ſuis ſon amant.

COLETTE.

Lucas, je t'en fais la promeſſe,
Je ſerai toujours ta maîtreſſe,
Tu ſeras mon amant, & non pas mon époux :
C'eſt le moyen de nous aimer ſans ceſſe.
Pour conſerver des noms ſi doux,
Ne ſois jamais inquiet ni jaloux,
Garde-toi de brûler d'une nouvelle flamme ;
Si je m'en apperçois, je le dis entre-nous,
Dès ce moment, je deviendrai ta femme.

THIBAULT.

THIBAULT.

Chantons, chantons, et que l'écho répéte,
Vive Lucas, vive Colette;
Ils ont trouvé tous deux
Le secret d'être heureux.

CHOEUR, *Chantons,* &c.

On danse.

MATHURINE.

Il est tems, l'Amour vous appelle,
Vous devez répondre à sa voix.

LE CHOEUR, *Il est tems,* &c.

MATHURINE.

Il défend d'avoir un cœur rebelle,
Il permet la liberté du choix.

LE CHOEUR, *Il est tems,* &c.

MATHURINE.

Eprouvez une ardeur mutuelle,
Ah! Qu'il est doux de céder à ses loix!
Il est tems, l'Amour vous appelle,
Vous devez répondre à sa voix.

LE CHOEUR, *Il est tems,* &c.

On danse.

C

RAGONDE.

On chante Lucas & Colette,
Et l'on ne parle point de nous ?

CHOEUR.

Vivez, vivez, heureux époux,
Goutez une douceur parfaite.

COLIN.

Quelle douceur ! Helas !

LUCAS.

Quoi, Colin, tu verses des larmes,
Dans un moment, pour toi si plein de charmes !

COLIN.

Je ne pleurerois pas
Si Lucas étoit à ma place,
Et si j'étois à celle de Lucas.

RAGONDE.

Quoi ! Même après l'hymen, tu me mépriseras ?

COLIN.

Que voulez-vous donc que je fasse ?
Je ne pleurerois pas
Si Lucas étoit à ma place,
Et si j'étois à celle de Lucas.

RAGONDE.

Tu dois oublier Colette,
Elle est jeune, elle est folette,
Elle pourroit trahir tes feux ;
Mais avec moi, tu seras plus heureux,
Je ne serai volage ni coquette.

Tu ne me répons rien, tu t'éloignes de moi ?
Me traiter de la forte,
Après m'avoir donné ta foi !
La fureur me transporte.

Demons, lutins, forciers, accourez me venger
D'un mari qui veut m'outrager.

COLIN.

Pardon, pardon, ma chere épouse.

RAGONDE.

Si tu ne veux attirer mon courroux,
Garde-toi bien de me rendre jaloufe.

COLIN.

Mon amour pour Colette expire à vos genoux.

THIBAULT.

Que l'on chante par tout le monde,
Les plaifirs de Colin, le bonheur de Ragonde.

CHOEUR.

Que l'on chante par tout le monde,
Les plaifirs de Colin, le bonheur de Ragonde.

On danfe.

C ij

MATHURINE.

Bergers heureux,
Suivez l'amour qui vous éclaire;
Ici les ris, les jeux,
Tout sert nos vœux:
Le doux printems
Commence & finit tous nos ans:
L'Amour quitte sa mere,
Pour voir nos champs.
Chantons mille fois,
Célébrons le Dieu qui fait nos choix;
Il est moins à Cythere
Que dans nos bois.

CHOEUR.

Que l'on chante par tout le monde,
Les plaisirs de Colin, le bonheur de Ragonde.

On danse.

VAUDEVILLE.

1er couplet. THIBAULT.

Ragonde d'un triste veuvage
A voulu prévenir l'ennui.

CHOEUR. *Charivari, Charivari.*

THIBAULT. *Colin avec elle s'engage,*
J'avons écrit qu'il a dit oüi:
Charivari, Charivari.

L'amour est de tout âge,
Et la folie aussi:
Charivari, Charivari.

CHOEUR. *Charivari, Charivari.*

2me couplet. RAGONDE.

Je ne crains point que l'on me blâme,
Non, je n'en ai point de souci.

CHOEUR. *Charivari, Charivari.*

RAGONDE. *Le beau Colin regne en mon ame;*
Vous pouvez crier à l'envi
Charivari, Charivari.

S'il trahissoit ma flâme,
Je saurois faire aussi
Charivari, Charivari.

CHOEUR. *Charivari, Charivari.*

3me couplet. COLIN, à RAGONDE.

> *Vous regnerez donc sur mon ame,*
> *Helas ! Il le faut bien ainsi :*

CHOEUR. *Charivari , Charivari.*

COLIN. *Mais quand mon cœur céde & s'enflamme,*
Plus de Lutin qui fasse ici
Charivari , Charivari.

> *Souvent la bonne femme,*
> *A fait le bon mari :*
> *Charivari , Charivari.*

CHOEUR. *Charivari , Charivari.*

4me couplet.   LUCAS.

> *L'Amour se plaît dans les allarmes,*
> *Le bruit est son plaisir chéri.*

CHOEUR. *Charivari , Charivari.*

LUCAS. *Quand ce Dieu se sert de ses armes,*
Il fait dans un cœur attendri
Charivari , Charivari.

> *Pour célébrer ses charmes,*
> *Chantons tous à grand cri*
> *Charivari , Charivari,*

CHOEUR. *Charivari , Charivari.*

DE RAGONDE.

5me couplet.   **COLETTE, à LUCAS.**

Maman fait mon bonheur suprême,
En prenant Colin pour mari.

CHOEUR. *Charivari, Charivari.*

COLETTE. *Quoique ma joye en soit extrême,*
Me convient-il de dire ici,
Charivari, Charivari ?

    Mais c'est dire que j'aime ;
    Je chante donc aussi
Charivari, Charivari.

CHOEUR. *Charivari, Charivari.*

6me couplet.   **MATHURINE.**

L'Hymen est une grande affaire,
J'hesite à prendre ce parti.

CHOEUR. *Charivari, Charivari.*

MATHURINE. *Un vieil époux n'amuse guere,*
    Un jeune aime ailleurs que chez lui ;
Ce qui produit Charivari.

    Ah ! qu'il faudroit me plaire,
    Pour hazarder aussi
Charivari, Charivari.

CHOEUR. *Charivari, Charivari.*

7me couplet. **LUCAS, à COLETTE.**

Chaque moment accroît ma flamme.

COLETTE, à LUCAS.

C'est toi seul que je vois ici.

CHOEUR. *Charivari, Charivari.*

THIBAULT, à MATHURINE.

L'amour se glisse dans mon ame.

MATHURINE, à THIBAULT.

La mienne est en paix, dieu merci,
Je craindrois trop Charivari.

COLIN, caressant RAGONDE.

Vive la bonne femme ;

RAGONDE, caressant COLIN.

Et son joli mari.

TOUS SIX.

Charivari, Charivari.

CHOEUR. *Charivari, Charivari.* Contre-danse.

FIN DU TROISIEME ET DERNIER ACTE.

❊❊❊❊❊❊❊❊❊❊❊❊❊❊❊❊❊❊❊❊❊❊❊❊❊❊❊❊❊❊❊❊❊❊❊❊❊

APROBATION.

J'AI lû par ordre de monseigneur le Chancelier, *Les amours de Ragonde, divertisse-ment comique*, & je crois que l'impression en peut être permise. A Paris ce premier janvier 1742.   DE MONCRIF.

Le Privilege est à la fin d'ISSE.

www.ingramcontent.com/pod-product-compliance
Lightning Source LLC
LaVergne TN
LVHW021812170726
843503LV00007B/3176